Einladung zum Selberlesen

Liebe Eltern,

Sie haben Ihrem Kind Bücher vorgelesen? Sehr gut.
Sie werden dies auch weiterhin tun? Um so besser.
Aber wenn Ihr Kind einmal hinter das Geheimnis der
Buchstaben gekommen ist, will es auch selber lesen.
Es möchte erleben, wie beim Lesen eine spannende,
lustige oder traurige Geschichte in ihm entsteht. Das
ist gar nicht so einfach. Es dauert lange, bis ein Kind
gut und gern liest.

Was es am Anfang braucht?
Ein ganzes Buch, das zum Lesen verlockt.
Ein Buch, das es beim Lesen nicht überfordert.
Ein Buch
* mit kurzen Geschichten
* mit einer genügend großen Schrift
* mit kurzen, überschaubaren Zeilen
* in einer verständlichen Sprache
* mit Bildern, die helfen den Sinn zu erfassen.

Bücher, die diesen Anforderungen gerecht werden,
fördern das Abenteuer Lesen und machen Lust
aufs nächste Buch.

Prof. Dr. Manfred Wespel,
lesedidaktischer Berater des
KÄNGURU-Programms

Salah Naoura

Kleine Bärengeschichten

Mit Bildern von Dorothea Ackroyd

arsEdition

Die Deutsche Bibliothek – CIP-Einheitsaufnahme

Kleine Bärengeschichten / Salah Naoura. Mit Bildern von
Dorothea Ackroyd. - München : Ars-Ed., 1999
   (Känguru : Erste Geschichten zum Selberlesen)
   ISBN 3-7607-3785-4

Lesedidaktische Beratung: Prof. Dr. Manfred Wespel
Nach den Regeln der neuen Rechtschreibung

Gedruckt auf umweltfreundlichem Papier ohne Chlorbleiche

© 1999 by arsEdition, München
Alle Rechte vorbehalten
Ausstattung und Herstellung: arsEdition, München
Titelbild und Innenillustrationen: Dorothea Ackroyd
Titelvignette: Carola Holland
Einbandkonzeption: Ralph Bittner
Druck und Bindung: Westermann Druck Zwickau GmbH
Printed in Germany
ISBN 3-7607-3785-4

Inhalt

Der Bär im Zoo

Nicht weit von der Stadt
ist ein kleiner Wald.
Dort steht die alte Bärenhütte.
Der Bär trinkt gerade
Tee mit Honig.

Konrad Rabe, sein bester Freund,
schaukelt auf der Küchenlampe.

Da klopft es an der Tür.
Der Bär macht auf.

Ein Mann steht vor der Tür.
Er kommt vom Zoo.

„Guten Tag, Herr Bär!
Im Bärenhaus ist ein Zimmer frei.
Möchten Sie nicht
bei uns einziehen?"

„Ich bin ein Bär",
brummt der Bär.
„Was soll ich denn in der Stadt?"

9

Konrad Rabe flattert aufgeregt
mit den Flügeln.
„Oooh, die Stadt ist doch toll, Bär!
Ich mag die Stadt.
Überall bunte Lichter,
die glitzern!"

Konrad Rabe liebt nämlich alles,
was glitzert.
„Komm, lass uns
das Bärenhaus angucken!"
„Na gut", brummt der Bär.
Er setzt seine Mütze auf
und dann gehen sie los.

Im Zoo sind viele Leute.
Der Direktor verbeugt sich.
„Willkommen, Herr Bär!
Geben Sie mir Ihre Mütze?"
„Nö", sagt der Bär.
„Das ist meine!"

Und dann geht er ins Bärenhaus.
Im ersten Zimmer wohnt
Marika Tanzbär.
Sie trägt ein rotes Röckchen.
Früher war sie Tänzerin im Zirkus.

Im zweiten Zimmer wohnt niemand.
„Extra für Sie, Herr Bär!",
ruft der Direktor.

Er öffnet eine kleine Tür.
„Und hier ... der Garten!"
Der Bär guckt hinaus:
Lauter Felsen, schön sieht das aus.

„Toller Garten, was, Konrad?"
„Und mein Nest?", fragt Konrad.

„Wo ist ein Baum
für mein Nest?"
„Im Bärenhaus wohnen nur Bären",
sagt der Direktor.

Jetzt ist Konrad aber beleidigt!
„Das Bärenhaus ist scheußlich!",
ruft er.

„Bestimmt gibt es hier
nicht mal Tee mit Honig!"
„Leider nicht",
sagt der Direktor.

„Nö", sagt der Bär.
„Hier gefällts mir nicht.
Außerdem sind
die Wände aus Glas,
da kann ja jeder reingucken!"

Der Bär winkt den vielen Leuten zu
und dann geht er nach Hause,
mit der Mütze durch den Wald
und Konrad Rabe obendrauf.

„Schöner Wald, was, Konrad?"
„Oooh, der Wald, Bär!
Ich liebe den Wald",
sagt Konrad.

Der Bär als Retter

Konrad Rabe und der Bär
sitzen in der Bärenküche.
Es regnet
und der Bär ist brummig.
„Brumm", sagt er.
„Weißt du was, Konrad?
Ich wäre so gern berühmt."

16

„Bär, ich habs!",
ruft Konrad Rabe.
„Du rettest einfach jemanden!"
„Wen denn?", fragt der Bär.
„Na, einen, der Hilfe braucht.
Dann wirst du berühmt."

„Au ja, Konrad!", ruft der Bär.
„Komm, wir fangen
gleich damit an!"

Im Wald ist es ziemlich nass
und niemand ist unterwegs.

„Hallo!", ruft der Bär.
„Braucht hier jemand Hilfe?"

Da kommt der Hase.
„Hallo, lieber Hase",
sagt der Bär.
„Dein Ohr hängt ja ganz schief!
Bist du vielleicht krank?
Brauchst du Hilfe?"

„Danke, nein", sagt der Hase.
„Mein Ohr hängt immer schief,
wenn schlechtes Wetter ist.
Aber ich muss euch
etwas erzählen."

„Ist was passiert?",
fragt der Bär.
„Dahinten am Fluss liegt
ein kleines, krankes Tier!",
antwortet der Hase.
„Schnell, Konrad!", ruft der Bär.
„Wir müssen es retten!"
Der Hase zeigt ihnen den Weg.

Das Tier ist ganz nass.
Und es bewegt sich nicht.
„Huh!", ruft der Hase
und rennt davon.
„So ein Angst-Hase",
brummt der Bär.

Vorsichtig nimmt er
das Tier auf den Arm.
„Guck mal, Bär,
da kommt ein Mädchen!",
ruft Konrad Rabe.

21

Das Mädchen läuft
am Fluss entlang.
Es sieht sehr traurig aus.

„Brauchst du vielleicht Hilfe?",
fragt der Bär.
„Oh, mein Teddy!",
ruft das Mädchen.
„Da ist er ja!"

Sie nimmt das Teddy-Tier
auf den Arm
und drückt es an sich.
„Ich hab ihn überall gesucht.
Vielen Dank, lieber Bär,
dass du ihn gerettet hast!"

24

Der Bär ist stolz.

Sehr stolz und sehr zufrieden.

„Konrad, bin ich jetzt berühmt?",

fragt er,

als sie nach Hause gehen.

„Ganz bestimmt, Bär!

Du bist ein Held",

sagt Konrad.

Der Bär als Detektiv

Eines Tages
findet der Bär
eine seltsame Mütze
im Wald.
„Die hat ja
Schlappohren",
sagt er verwundert.
„Setz doch mal auf!",
ruft Konrad Rabe.

„Weißt du was, Bär?
Das ist die Mütze
von einem Detektiv!"
„Ein De-tek-tiv?
Was ist denn das?",
fragt der Bär.

„Ein Detektiv ist einer,
der Geheimnisse rauskriegt",
sagt Konrad Rabe.

„Die Leute kommen zu ihm,
wenn sie etwas wissen wollen ...
Zum Beispiel,
wer etwas geklaut hat",
erklärt Konrad Rabe.

„Wie spannend!", ruft der Bär.
„Au ja, ich werde Detektiv!"

Konrad und der Bär
malen ein großes Schild
für die Bärenhütte.

Am nächsten Tag
klopft jemand an die Tür.
Der Bär macht auf.
Draußen steht eine Frau.
„Sind Sie der Detektiv?", fragt sie.
„Das sieht man doch",
sagt der Bär beleidigt.

„Mein goldener Armreif ist weg",
sagt die Frau.
„Jemand hat ihn gestohlen!"
„Kein Problem", sagt der Bär.

Konrad und der Bär suchen überall:
im Wald, am Fluss, im Wasser.

„Brumm! Ich find
den blöden Armreif nicht",
murmelt der Bär.

„Wo kann er
denn sein, Konrad?"
„Du bist doch der Detektiv, Bär."

Aber der Bär ist müde.
Er lehnt sich an einen Baum.
„Pass doch auf!",
ruft Konrad Rabe.
„Du machst
mein Himmelbett kaputt!"
Oben in dem Baum
ist nämlich Konrads Nest.

Aber es ist schon zu spät:
Der Baum knackt und wackelt
und Konrads Himmelbett wackelt
und – pling –
da fällt etwas herunter.
„Huch!", kreischt Konrad.

„Das ist ja ein goldener Armreif!",
ruft der Bär aufgeregt.
Er denkt eine ganze Weile nach.
Und dann sagt er:
„Klarer Fall!
Der Dieb hat
den Armreif der Frau
in deinem Nest versteckt."

„So eine Frechheit!", ruft Konrad.
Der Bär ist sehr zufrieden.
„Na, wie hab ich das gemacht?"
„Wirklich toll, Bär",
sagt Konrad.
„Wie ein echter Detektiv!"

Der Bär kauft ein

Der Bär ist gerade aufgewacht.
Jetzt braucht er erst mal
eine Tasse heißen Tee
mit Honig.

Er schlurft zum Küchenschrank.
„Brumm! Auch das noch!
Mein Honig ist alle.
Und hier in der Nähe
gibt es keine Bienen."

Konrad Rabe sitzt
auf der Teekanne.
„In der Stadt ist
ein Honigladen", sagt er.

„Mit tausend Gläsern,
alle voll mit Honig!"

Der Bär leckt sich das Maul.
„Da müssen wir sofort hin!"

Er setzt sich schnell
seine Mütze auf
und dann gehen sie los.

Im Laden sitzt eine junge Dame
hinter einem großen Tisch.
Sie zählt gerade Kleingeld.

Der Bär hebt die Nase.
„Riech mal, Konrad.
So viel Honig!
Wie das duftet!"

„Schau mal, Bär.
So viele Münzen!
Wie die glitzern!"

„Huch, ein Bär!", sagt die Dame.
„Was möchten Sie?"
„Sehr viel Honig, bitte.
Drei große Gläser voll."

Die Frau holt den Honig
und packt alles in eine Tüte.
„Danke, vielen Dank, danke sehr",
sagt der Bär.
„Konrad, komm! Wir gehen!"

Da wird die Frau wütend.
„Sie müssen erst bezahlen!",
ruft sie.

„Oh, Verzeihung", sagt der Bär.
„Das habe ich nicht gewusst.
Ich bin neu in der Stadt,
ich kenn mich
noch nicht so aus."

Da wird die Dame noch wütender
und nimmt dem Bären
den Honig weg.

„Konrad, Hilfe!", ruft der Bär.
Konrad Rabe hüpft
auf die Kasse.
„Einen Moment", sagt er.
„Wir bezahlen hiermit!"

Konrad hebt sein linkes Bein:
An jeder Kralle
hat er einen kostbaren Ring.

Da wird die Frau
sehr freundlich.
Sie nimmt einen Diamant-Ring,
holt noch ein Glas Honig
und hält dem Bären die Tür auf.

„Na, so was!", sagt der Bär
auf dem Weg nach Hause.
„Die Ringe hab ich alle gefunden!",
sagt Konrad Rabe.
„Hast du ein Glück",
meint der Bär.
„Du bist ein richtiger Glücksrabe,
weißt du, Konrad?"

KÄNGURU Lesestufen-Modell

So macht Lesenlernen richtig Spaß – mit Büchern, die auf die unterschiedlichen Lernphasen zugeschnitten sind: 5 Lernschritte, 5 Buch-Reihen. »Kinder werden dann zu begeisterten Lesern, wenn Buch und Lese-entwicklung zusammenpassen.«

Prof. Dr. Manfred Wespel, lesedidaktischer Berater des KÄNGURU-Programms

»Mit Comics lesen lernen«

2. Lesestufe ab 6 Jahre
- jeweils eine kurze Geschichte für Leseanfänger
- mit frechen und witzigen Comic-Elementen
- leicht lesbare Fibelschrift

»Mit Bildern lesen lernen«

1. Lesestufe ab 5 Jahre
- kurze lustige Geschichten mit einfachem Text
- Bilder ersetzen Namenwörter
- sehr große Fibelschrift
- fünf doppelseitige Suchbilder